# Pick-by-Vision. Potenzialevaluation einer multimodalen Interaktion im Bereich der Kommissionierung

Michael Poiger

**Bibliografische Information der Deutschen Nationalbibliothek:**

Die Deutsche Nationalbibliothek verzeichnet diese Publikation in der Deutschen Nationalbibliografie; detaillierte bibliografische Daten sind im Internet über http://dnb.d-nb.de abrufbar.

ISBN: 9783346593894
Dieses Buch ist auch als E-Book erhältlich.

Druck und Bindung: Books on Demand GmbH, Norderstedt Germany
Gedruckt auf säurefreiem Papier aus verantwortungsvollen Quellen

Das vorliegende Werk wurde sorgfältig erarbeitet. Dennoch übernehmen Autoren und Verlag für die Richtigkeit von Angaben, Hinweisen, Links und Ratschlägen sowie eventuelle Druckfehler keine Haftung.

Das Buch bei GRIN: https://www.grin.com/document/1174146

Hochschule Fresenius

Fachbereich onlineplus

Studiengang: Digital Business Management and Engineering (M. Sc.)

Hausarbeit

# Pick-by-Vision:

Potenzialevaluation einer multimodalen Interaktion im Bereich
der Kommissionierung

Michael Poiger

Modul: Digitale Logistik (M197)

Abgabedatum: 12.03.2021

# Inhaltsverzeichnis

# Abbildungsverzeichnis

# Abkürzungsverzeichnis

| | |
|---|---|
| AR | Augmented Reality |
| CAVE | Cave Automatic Virtual Environment |
| CPS | Cyber-physische Systeme |
| FOV | Field of View |
| GPS | Global Positioning System |
| HMD | Head-Mounted Display |
| IoT | Internet of Things |
| ML | Machine Learning |
| MR | Mixed Reality |
| MzW | Mann zur Ware |
| OST | Optical See-Through |
| VR | Virtual Reality |
| VST | Video See-Through |

# 1 Einleitung

Im Zeitalter einer Industrie 4.0 erleben Produktionsstätten von Unternehmen einen dynamischen Wandel hin zu intelligenten Fabriken (Murauer, 2018). Neue technologische Entwicklungen, wie z. B. Big Data, cyber-physische Systeme (CPS), Internet of Things (IoT), Sensorik oder intelligente Software-Systeme führen dazu, dass sich die künftigen Arbeitsprozesse innerhalb von Organisationen verändern (BMAS, 2015). Aufgrund der breiten Einführung innovativer Informations- und Kommunikationstechnologien in unserer Gesellschaft ergeben sich bedeutende Auswirkungen auf die Anforderungen, Strukturen und Inhalte zukünftiger Arbeitssysteme (BMAS 2017). Durch eine Zunahme von Informationsmenge und -verfügbarkeit rücken neue Formen technologischer Ausführungsassistenz in den Mittelpunkt, um erforderliche Entscheidungsprozesse unterstützen zu können (Jost et al. 2015). Diese Assistenzsysteme sind wiederum in der Lage, Beschäftigte mit kontextsensitiven Informationen zu versorgen (Terhoeven, 2018).

Die Termini Virtual Reality (VR) und Augmented Realitiy (AR) nehmen in dem Zusammenhang einen hohen Stellenwert ein. Gartner´s Hype Cycle for Emerging Technologies (2017) zeigt, dass innovative Entwicklungen auf diesem Gebiet in den nächsten Jahren das Produktivitätsplateau erreichen werden. Eine Realisation dieser Technologie kann durch die Anwendung von AR-Brillen erfolgen. Hierbei werden den Mitarbeitenden virtuelle, situationsbezogene Hinweise im Sichtfeld bereitgestellt. Eine Wahrnehmung der realen Umgebung bleibt bei dieser Methode weiterhin erhalten. Hinsichtlich der verwendeten Hardware ist aufgrund des Displayaufbaus und der verschiedenen Arten der Realitätswahrnehmung eine Unterteilung in vier Varianten vorzunehmen.

Im Bereich der industriellen Einsatzmöglichkeiten ist primär dem Themengebiet Augmented Reality eine signifikante Bedeutung zuzuschreiben. Ausschlaggebend für diese digitale Evolution sind u. a. beträchtliche Technologiefortschritte, gereifte Ökosysteme bei der Umsetzung von entsprechenden Anwendungen und Synergien mit komplettierenden Entwicklungen wie IoT und Machine Learning (ML), wodurch eine zunehmende Verschmelzung der realen und virtuellen Umwelt erfolgt (Adelmann, 2020).

Im Kontext der Industrie 4.0 entstehen im unternehmerischen Umfeld eine Vielzahl an Einsatzszenarien. Zukünftig wird den Datenbrillen im Zusammenhang mit der Kommissionierung eine hohe Relevanz beigemessen. Die konventionellen Disziplinen bleiben bestehen, müssen jedoch um technologische Ansätze, wie z. B. mobile Applikationen, Big Data und IoT ergänzt werden. Die Anwendungsmöglichkeiten von AR-Brillen liegen diesbezüglich in einer vereinfachten Informationsbereitstellung, der virtuellen Navigation und der Schulung von Mitarbeitenden. Eine situationsbezogene SWOT-Analyse soll im Rahmen der Hausarbeit die Evaluation des entstehenden Potentials ermöglichen.

# 2 Kommissionierung

Der Bereich Kommissionierung bildet einen der wichtigsten Prozesse in der gesamten Logistikkette (Reif, 2009). Die Logistik umfasst dabei die marktorientierte und integrierte Planung, Gestaltung, Abwicklung und Kontrolle des gesamten Material- und Informationsflusses innerhalb und zwischen Unternehmen, Lieferanten und Kunden (Schulte, 2013). Zu den elementaren Kernprozessen zählt dabei unter anderem der Wareneingang, die Lagerung und der Warenausgang (Arnold, 2008). Im Folgendem wird zunächst die Begriffsdefinition vorgenommen, um ein grundlegendes Verständnis für den in der vorliegenden Hausarbeit verwendeten Terminus zu schaffen. Anschließend werden die vier Erfolgsfaktoren und die möglichen Kommissioniermethoden dargestellt.

## 2.1 Begriffsdefinition

Das Kommissionieren umfasst gemäß der VDI-Richtlinie 3590 (2002) das Zusammenstellen von gewissen Teilmengen (Artikel) aus der bereitgestellten Gesamtmenge (Sortiment) aufgrund von vorliegenden Bedarfsinformationen. Somit erfolgt eine Umwandlung von einem lagerspezifischen in den verbrauchsspezifischen Zustand. In der Regel ist dem Kommissionieren immer eine Lagerfunktion vorangestellt und eine Verbrauchsfunktion (z. B. Produktion, Montage, Versand) nachgelagert (Schulte, 2013). Disziplinarisch ist dieser Bereich der Distributionslogistik, einem interorganisatorischem Logistiksystem, zuzuordnen und bildet ein Schlüsselelement der fortschrittlichen Supply Chain (Hompel & Schmidt, 2010; Krieger, 2018; Reif, 2009). Der Prozess arrangiert die innerbetriebliche Fortbewegung von Gütern, die Organisation von Ladeeinheiten, gegebenenfalls Verpackung von Entnahmemengen sowie eine Bereitstellung der Ware auf Basis bestimmter Aufträge (Werning et al., 2020). Dabei handelt es sich um einen äußerst kosten-, ressourcen- und informationsintensiven Vorgang im Unternehmen (Günthner et al., 2009). Im Rahmen der Tätigkeit sind prinzipiell folgende Grundfunktionen durchzuführen (Schwarting, 1986):

- Bereitstellung von Bedarfsinformationen
- Die Zurverfügungstellung von Artikelgruppen
- Entnahme von Teilmengen aus der Gesamtmenge
- Ordnungsgemäße Fortbewegung zur Entnahme und Abgabe
- Abgabe der Teilmengen an nachgelagerte Instanzen und Quittierung

Die Vorgehensweise kann dabei grundsätzlich in eine automatische oder eine manuelle Kommissionierung gegliedert werden (Werning et al., 2020). Bei erstgenannter Methode kann die Bereitstellung per Kommissionierautomaten oder Kommissionierroboter erfolgen (Dekker et al., 2004). Die manuelle Prozessabwicklung erfordert hingegen die Einbindung von Mitarbeitenden. Die Kommissionierung wird dabei durch Personal abgewickelt, welches Waren zwischen zwei oder mehreren Plätzen transportiert (Werning et al., 2020). Ungeachtet der Leistungsfähigkeit vollautomatischer Systeme greifen im industriellen Durchschnitt ca. 50 % der Lagersysteme von Organisationen auf das manuelle Konzept „Mann zur Ware" (MzW) zurück (Almeida & Ferreira, 2009; Franzke, 2018; Günthner et al., 2009).

Des Weiteren ist zwischen den ein- und mehrstufigen Kommissionierungsprozessen zu unterscheiden (Werning et al., 2020). Bei der eindimensionalen Vorgehensweise handelt es sich um eine auftragsorientierte Kommissionierung. Dabei werden nacheinander alle aufbereiteten Artikel abgearbeitet, bis am Ende der Auftrag fertig zusammengestellt ist (Martin, 2016). Eine zwei- oder mehrdimensionale Abwicklung orientiert sich hingegen an einer artikelorientierten Handhabung. In diesem Kontext werden für mehrere Aufträge die Artikel gleichzeitig gesammelt und anschließend den entsprechenden Bestellungen zugeordnet. Demgemäß lässt sich eine simultane Bearbeitung realisieren (Hompel et al., 2011; Martin, 2016).

Durch eine individuelle Anpassung im Hinblick auf Organisation, Informations- und Materialflüsse und der umfänglichen Integration in die Logistikkette entstehen bei der manuellen Kommissionierung große Rationalisierungspotenziale (Reif, 2009). Vor diesem Hintergrund spielen die jeweiligen Erfolgsfaktoren eine entscheidende Rolle. Im nächsten Kapitel soll eine präzise Darstellung der wesentlichen Aspekte vorgenommen werden.

## 2.2  Erfolgsfaktoren

Für Unternehmen ist es erforderlich, die bestehenden Logistikprozesse konsequent an die steigenden Kundenanforderungen anzupassen (Rammelmeier et al., 2012). In diesem Kontext stellt die Kommissionierung den entscheidenden Maßstab für Qualität und Leistung einer Lieferung dar und hat somit unmittelbaren Einfluss auf den Servicegrad und Erfolg des Unternehmens (Reif, 2009). Das klassische magische Dreieck der Logistik beinhaltet die strategischen Faktoren Qualität, Kosten und Zeit. In den vergangenen Jahren wurde dieses um die Zieldimension Flexibilität erweitert, wodurch ein magisches Viereck entstanden ist (Voigt et al., 2007). Bei der manuellen Bewältigung von komplexen sowie einzelfallspezifischen Kommissioniervorgängen sind primär die nachfolgend aufgeführten Erfolgsfaktoren zu berücksichtigen (Reif, 2009). Diese werden im Rahmen der durchgeführten Potentialevaluation ebenfalls herangezogen.

- Kommissionierqualität
- Kommissionierkosten
- Kommissionierzeit
- Flexibilität

## 2.3 Kommissioniermethoden

Um die vier beschriebenen Zielsetzungen bestmöglich auszutarieren und aufgrund der Vielzahl an Betriebs- und Lagerstrukturen von Unternehmen sind unterschiedliche Verfahren zur Kommissionierung entstanden (Werning et al., 2020). Die prinzipielle Einteilung erfolgt dabei anhand der angewandten Technologie für die Informationsbereitstellung (Günthner et al., 2014). Nach der VDI-Richtlinie 3590 (2002) sind demzufolge beleggebundene und beleglose Kommissioniersysteme zu unterscheiden, welche wiederum in verschiedene Arten unterteilt werden können. Zur erstgenannten Kategorie zählt die klassische Methode Pick-by-Paper. Bei der technologisch einfachsten Vorgehensweise zur Informationsdarstellung orientiert sich der Mitarbeitende an der nach spezifischen Gesichtspunkten aufbereiteten Kommissionierliste (Schlögl & Zsifkovits, 2016).

Unternehmen haben im Kontext der kontinuierlichen Prozessverbesserung etliche beleglose Ansätze zur Vorgangsunterstützung entwickelt. Die relevanten Systeme bilden dabei mobile und stationäre Lösungen, wie z. B. Pick-by-Scan, Pick-by-Light und Pick-by-Voice (Weaver et al., 2010). Dabei erfolgt eine Informationsbereitstellung entweder über Datenterminals oder per visueller bzw. akustischer Signale (Rammelmeier, 2017).

Eines der innovativsten, papierlosen Kommisionierverfahren bildet die zukunftsweisende Methode Pick-by-Vision. Hierbei steht der primäre Einsatz von informationsdarstellenden digitalen Assistenzsystemen im Vordergrund (Gerpott & Kurt, 2020). Notwendige Anweisungen werden durch AR-Technologien in Bild- oder Textform direkt im Sichtfeld des Mitarbeitenden bereitgestellt (Werning et al., 2020). Ein mobiles bildgesteuertes System bietet unterschiedliche Möglichkeiten der Kommunikation und stellt generell eine multimodale Interaktionsmethode dar (Schlögl & Zsifkovits, 2016). Dieses Prinzip der Mensch-Maschine-Kommunikation impliziert den wechselseitigen Informationsaustausch über natürliche Arten menschlicher Verständigung, wie z. B. Sprache oder Gestik (Billinghurst et al., 2015; Ratzka, 2008). Bevor nachfolgend die technischen Grundlagen beschrieben werden, ist zunächst das bestehende Spannungsfeld dargestellt.

**Abbildung 1: Pick-by-Vision - Spannungsfeld**

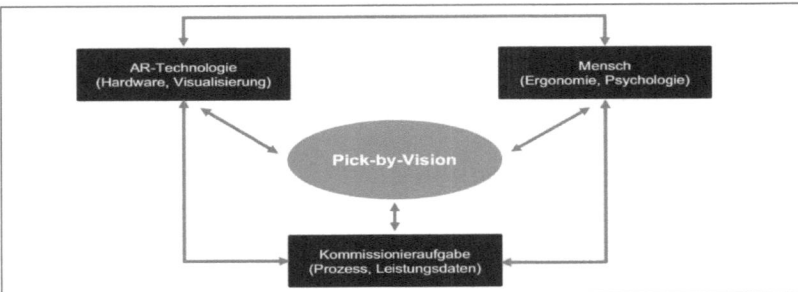

Quelle: eigene Darstellung in Anlehnung an Reif, 2009

# 3 Technologische Grundlagen

Dieses Kapitel behandelt die grundlegenden Technologien für den Einsatz einer Pick-by-Vision-Methode. Dabei ist die prinzipielle Unterteilung hinsichtlich der Begriffe Virtual Reality, Augmented Reality und Mixed Reality vorzunehmen. Derzeit ist es aufgrund richtungweisender technologischer Entwicklungen kaum möglich, Fachbücher und Tages- oder Wirtschaftszeitungen durchzublättern, ohne mit einem dieser Termini in Berührung zu kommen. Den Begriffsdefinitionen folgt eine Abgrenzung anhand des Realitäts-Virtualitäts-Kontinuums.

## 3.1 Virtual Reality (VR)

Es existieren verschiedene Definitionen zur präzisen Beschreibung von Virtual Reality, die grundlegenden Merkmale stimmen jedoch weitestgehend überein. Zurückzuführen ist der Begriff auf den Pionier Ivan Sutherland, der im Jahr 1965 mit „The Ultimate Display" ein technologiezentriertes Instrument beschreibt, mit dem Menschen in eine virtuelle, computerprogrammierte Umgebung eintauchen können. Dieser Ansatz ist infolge der technologischen Entwicklungen mittlerweile überholt. Unabhängig von den verwendeten Ein- und Ausgabegeräten sind die folgenden Charakterisierungen gültig.

VR beschreibt die Anwendung von Computern, um den Effekt einer dreidimensionalen Welt zu erzeugen, welche interaktive Objekte enthält (Bryson, 1996). Eine vergleichbare Auslegung liefert Carolina Cruz-Neira (zit. n. Dörner et al., 2019), die auf der SIG-GRAPH Konferenz 1993 in diesem Kontext von immersiven, interaktiven, multisensorischen, betrachterzentrierten, dreidimensionalen computererzeugten Umgebungen so-wie der Verknüpfung der zur Erstellung dieser Umgebungen erforderlichen Technolo-gien spricht. Immersion beschreibt den Grad des Eintauchens in die virtuelle Echtzeit-umgebung. Computergenerierte Sinneseindrücke vermitteln dem Betroffenen eine um-fassende und lebhafte Illusion der Realität. Je tiefer eine Person in das Scheinbild ein-taucht, desto höher ist dieser Immersionsgrad (Slater & Wilbur, 1997). Bei einer Erstel-lung von virtuellen Umgebungen wird sensorisches Feedback in Form von audiovisuel-len Rückkoppelungen verwendet (Mihelj & Podobnik, 2012). In Verbindung mit hapti-schen Signalen lässt sich die registrierte Eintauchtiefe zusätzlich erhöhen (Jadhav et al., 2017). Zielvorstellung der VR ist eine vollständige Immersion, welche durch unter-schiedliche Komponenten, z. B. Head-Mounted Displays (HMD) oder Cave Automatic Virtual Environments (CAVE) erreicht werden kann (Dörner et al., 2019).

## 3.2 Augmented Reality (AR)

In der Theorie existiert für Augmented Reality ebenfalls keine einheitliche Begriffsdefi-nition. Ivan Sutherland hat in dem Kontext bereits im Jahr 1968 erste Grundsteine ge-legt (Sutherland, 1968). In der einschlägigen Literatur hat sich im Zeitverlauf die allge-meine Definition nach Azuma gefestigt. Dieser umschreibt AR als eine Abwandlung der Virtual Reality. Während die VR den Anwendenden komplett in eine virtuelle Welt ein-taucht, ermöglicht Augmented Reality der Person, die reale Umgebung weiterhin wahr-zunehmen. Diese wird in Echtzeit durch künstliche, virtuelle Objekte auf dreidimensio-naler Ebene erweitert, wodurch AR die Realität lediglich ergänzt, anstatt sie vollständig zu ersetzen (Azuma, 1997). Ein AR-System ist ein komplexes Computersystem, wel-ches aus geeigneter Hard- und Software besteht, um die Perspektive der realen Welt nahtlos und ununterscheidbar um virtuelle Inhalte anzureichern. Zur Realisierung wer-den diverse Komponenten, primär aus den Bereichen Eingabe, Darstellung, Tracking und Interaktion benötigt (Carmigniani & Furht, 2011). Die Funktionalität ist dabei nicht ausschließlich auf eine Erweiterung der visuellen Wahrnehmung beschränkt, sondern kann sämtliche sensorischen Sinnesreize beeinflussen (Dörner et al., 2019). Durch die Überlagerung der Wirklichkeit um zentrale, ergänzende, kontextbezogene Informatio-nen bildet Augmented Reality die Grundlage verschiedenster Assistenzsysteme (Fein-er, Macintyre & Seligmann, 1993).

## 3.3 Mixed Reality (MR)

Die beiden Forschenden Milgram und Kishino interpretieren den Terminus Mixed Rea-lity (MR) in einer Art Realitäts-Virtualitäts-Kontinuum, welches alle Mischformen inmit-ten der extremen Ausprägungen Realität und Virtualität inkludiert (Milgram & Kishino,

1994). Das theoretische Modell stellt eine Taxonomie dar, wodurch sich die verschiedenen Abstufungen präzise klassifizieren lassen. In Abbildung 2 ist das erläuterte Konzept genauer dargestellt.

**Abbildung 2: Realitäts-Virtualitäts-Kontinuum (RV)**

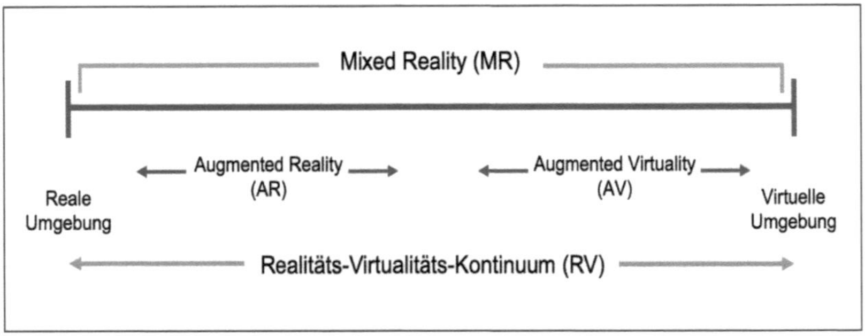

Quelle: eigene Darstellung in Anlehnung an Milgram & Kishino, 1994

In der Abbildung wird ersichtlich, dass lediglich die absoluten Ausprägungen der Realität und Virtualität keine Komponenten einer Mixed Reality darstellen. Der jeweilige Immersionsgrad sowie der Gehalt an virtuellen Informationen ist von der Annäherung an die virtuelle Umgebung abhängig. Mixed Reality stellt einen übergeordneten Terminus für eine Vielzahl realitätserweiternder Methoden dar, weshalb MR und AR auch oftmals als Synonym verwendet werden.

# 4 Datenbrillen

Datenbrillen, auch Augmented-Reality-Brillen oder Smart Glasses genannt, stellen einen zentralen Anwendungsbereich der Augmented Reality dar. AR-Brillen sind mit Peripheriegeräten ausgestattete Kleinstrechner, welche am Kopf getragen und mit Augen, Händen und der Stimme gesteuert werden (Bendel, 2016). Die mobilen Geräte ermöglichen durch verbaute Komponenten wie z. B. Kameras, Mikrofone und GPS sowie der Verwendung agiler Internet-Technologien eine Verknüpfung von physischen und virtuellen, kontextbezogenen Informationen im Sichtfeld der tragenden Person (Caudell & Mizell, 1992; Rauschnabel & Ro, 2016).

Smart Glasses basieren auf der Grundlage von Head-Mounted Displays und lassen sich hinsichtlich des Bildschirmaufbaus und der Realitätswahrnehmung unterschieden. Des Weiteren sind Datenbrillen in die Kategorie der Wearables einzugliedern. Hierbei handelt es sich um portable Computertechnologien, welche am Körper oder Kopf ge-

11

tragen werden und einer Konkretisierung des Ubiquitous Computing dienen (Bendel, 2019). Der prägnanten Einführung in den Bereich der HMDs folgt eine Charakterisierung der Hardwareunterschiede.

## 4.1 Head-Mounted Displays (HMDs)

Head-Mounted Displays repräsentieren prinzipiell eine am Kopf angebrachte Anzeige. Dabei werden Mobile Visualisierungs- und Interaktionssysteme in Form einer Datenbrille oder eines Helms getragen (Grimm et al., 2013). Ivan Sutherland entwickelte bereits 1968 das erste, voll funktionsfähige HMD. Hierbei handelte es sich um eine Art Bildschirmbrille, welche mithilfe von Tracking-Systemen die Kopfbewegungen des Anwendenden mechanisch gemessen hat (Bühl, 1997). Das Equipment war jedoch derartig schwer, dass es nicht getragen werden konnte, sondern durch eine Vorrichtung an der Raumdecke fixiert wurde. Aufgrund der Konstruktionsweise entstand die bekannte Bezeichnung „Sword of Damocles" (Butz & Krüger, 2017).

Im Zusammenhang mit dem technologischen Fortschritt verringert sich auch der Umfang wesentlicher Bestandteile. Aktuelle HMDs enthalten miniaturisierte Displays, davorliegende optische Baugruppen, eine integrierte Elektronik, Schnittstellen zur Datenübertragung und eine Haltevorrichtung für die verbauten Komponenten (Grimm et al., 2013; Theis, Alexander & Wille, 2013). Das Ziel ist die möglichst große Sichtbereichsabdeckung und eine nahezu in Echtzeit stattfindende Reaktion auf Kopf- und Körperbewegungen, womit eine permanente Übertragung virtueller Informationen ohne Blickabwendung von der Umgebung möglich ist (Melzer, 2017; Theis et al., 2013).

## 4.2 Hardwarekonzeption

Inzwischen existiert eine große Anzahl verschiedener HMDs. Generell lassen sich AR-Brillen hinsichtlich der unterschiedlichen Kombinationsmöglichkeiten von virtuellen und realen Inhalten abgrenzen. Infolge der Vielzahl verfügbarer Modifikationen erfolgt lediglich eine Darstellung der vier grundlegenden Varianten.

### 4.2.1 Displayaufbau

Beim Displayaufbau von Smart Glasses kann zwischen einer monokularen und binokularen Bauweise differenziert werden (Bowman et al., 2004). Die Bezeichnungen beziehen sich auf die Darstellung der Informationsinhalte und die Möglichkeit einer Tiefenwahrnehmung durch das HMD. Monokular bedeutet, dass in dem Equipment ein Monitor integriert ist und die generierten Resultate mit einem einzigen Auge betrachtet werden (Rash & McLean, 2000). Demnach ergeben sich lediglich zweidimensionale, monoskopische Illustrationen ohne entsprechenden Tiefeneindruck.

Binokulare Datenbrillen bestehen grundsätzlich aus zwei separaten monokularen Displays (Grimm et al., 2013). Jedes der beiden Augen sieht dabei durch eine unabhängige Bildquelle, was eine partielle binokulare Überschneidung ermöglicht (Melzer, 2017). Dieses binokulare Field of View (FOV) gestattet neben der Übertragung eines identischen Bildes auch die Darstellung von Stereobildpaaren und infolgedessen eine stereoskopische, plastische 3D-Illustration computergenerierter Inhalte (Grimm et al., 2013; Theis et al., 2013).

### 4.2.2 Realitätswahrnehmung

AR-basierte visuelle Anzeigegeräte werden im Zusammenhang mit der Art der Realitätswahrnehmung in (teil-) durchsichtige Optical See-Through (OST) HMDs und in geschlossene Video See-Through (VST) HMDs unterteilt (Azuma, 1997; Bowman et al., 2004). Bei der OST-Technologie ist vor dem Sichtfeld des Anwendenden ein „Combiner" installiert. Dieser geneigte, semitransparente Spiegel bettet virtuelle Informationen in die bestehende Umgebung ein. Somit entsteht eine synchrone Wahrnehmung projizierter Inhalte und der Realität (BAuA, 2016).

Demgegenüber wird bei den VST-Systemen die Bildinformation der realen Umgebung durch entsprechende Kameras aufgezeichnet, digitalisiert, verarbeitet, um virtuelle Informationen ergänzt und auf einem geschlossenen Display vor den Augen des Anwendenden abgebildet (BAuA, 2016). Diese Vorgehensweise blendet den Hintergrund vollkommen aus, wodurch die direkte Wahrnehmung realer Objekte verwehrt wird (Grimm et al., 2013). Zur Verdeutlichung sind die unterschiedlichen Charakteristika der beiden Technologien und die prinzipiellen Komponenten des AR-Systems in der Abbildung auf nachfolgender Seite dargestellt.

**Abbildung 3: Unterschiede der Realitätswahrnehmung**

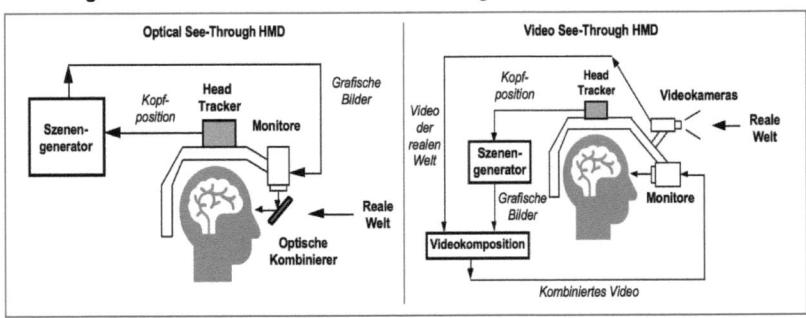

Quelle: eigene Darstellung in Anlehnung an Azuma, 1997

Aufgrund der technologischen Entwicklungen und der damit verbundenen Miniaturisierung von HMDs entstehen in der industriellen Praxis neue Verwendungsmöglichkeiten (Theis et al., 2013). Die Anwendungsbereiche von AR-Brillen liegen zunehmend in der Logistik, Montage und Medizin (Kleiber & Alexander, 2011; Stüdeli & Alexander, 2008). Aus diesem Grund wird im nächsten Abschnitt der Hausarbeit die Anwendung von Datenbrillen in der Kommissionierung genauer betrachtet.

# 5 AR-Kommissionierung

Unternehmen beschäftigen sich im Rahmen der Industrie 4.0 zunehmend mit der Digitalisierung von Wertschöpfungsprozessen. Die digital vorliegenden Datenmengen können durch innovative Technologien wie z. B. Smart Glasses visualisiert und mit ergänzenden, kontextuellen Informationen angereichert werden (Huck-Fries et al., 2017). Die dahingehende Entwicklung stellt einen entscheidenden Grund dar, weshalb Datenbrillen vermehrt Einzug in der Kommissionierung halten. In dem Kapitel wird auf mögliche Einsatzbereiche eingegangen und anschließend die Potenzialanalyse durchgeführt.

## 5.1 Einsatzbereiche

Im industriellen Kontext lassen sich die Anwendungsszenarien innerhalb der Kommissionierung in die drei zentralen Bereiche Informationsbereitstellung, visuelle Navigation und Schulung unterteilen (Funke, 2020; Hüer et al., 2020). Die erste Ausprägungsstufe umfasst lediglich die visuelle Illustration der Kommissionierliste. Der Einsatz von Datenbrillen minimiert die Notwendigkeit, erforderliche Informationen von einer Papierliste oder einem Monitor abzulesen (Stocker et al., 2017; Theis et al., 2016). Durch die Bereitstellung von kontextbezogenen Hinweisen, wie z. B. Artikelnummer oder Stückzahl im Sichtfeld der Arbeitskraft ist eine bestmögliche Unterstützung gewährleistet.

Im Zeitalter der Digitalisierung entsteht eine Zunahme der Komplexität und Heterogenität an Kommissionieraufgaben. Datenbrillen können in Form einer vollständigen visuellen Navigation unterstützen. Versteckte Informationen, Zusammenhänge und Kommissionieroptionen werden sichtbar gemacht und dadurch eine multimodale Interaktion mit den Geräten ermöglicht (Adelmann, 2020). Die Illustration sämtlicher Schritte navigiert den Mitarbeitenden gezielt durch einen kompletten Kommissionierprozess und ermöglicht gleichzeitig die vollständige Quittierung des Vorgangs (Hüer et al., 2020).

Auch bei der Schulung von Kommissioniertätigkeiten können Datenbrillen zunehmend einen Mehrwert liefern. Vollbeschäftigung und ein steigender Fachkräftemangel führen dazu, dass oftmals auf Leiharbeitende zurückgegriffen wird, welche über wenig Fachwissen und Erfahrung in intralogistischen Prozessen verfügen. Augmented Reality ermöglicht kurze Anlernzeiten, das Erreichen der Zielproduktivität innerhalb weniger Tage und die optimale Aufgabenvorbereitung (Bommers & Castrup, 2020; Walch, 2007).

## 5.2 Potenzialanalyse

Zur Ableitung der strategischen Handlungsempfehlung ist eine SWOT-Analyse anzuwenden. Das Akronym besteht aus den englischen Wörtern Strengths, Weaknesses, Opportunities und Threats. Sie dient als Diskussionsbasis für die strategische Positionierung von Produkten, Geschäftsbereichen sowie Unternehmen und wird mittlerweile sogar für eine Karriereplanung von Beschäftigten eingesetzt (Schawel & Billing, 2011). Ziel dieser Betrachtung ist, von den Stärken und Schwächen der AR-Brillen auszugehen und diese mit den Chancen und Risiken in der Kommissionierung zu kombinieren. Die SWOT-Analyse-Matrix ermöglicht abschließend eine prägnante Strategieempfehlung. SO-, WO-, ST- und WT-Strategien bilden potenzielle Szenarien, welche einfache und übersichtliche Analysen erlauben (Kreikebaum, Gilbert & Behnam, 2018).

### 5.2.1 Durchführung

Für die Erstellung der SWOT-Analyse wurden unter Zuhilfenahme von Literaturrecherche relevante Beiträge ermittelt, die eine Ableitung der spezifischen Beurteilungskriterien ermöglichen. Hierzu erfolgte eine Durchsuchung verschiedener Datenbanken anhand der Verwendung von kontextbezogenen Suchtermini. Nach Sichtung der Literatur lässt sich feststellen, dass diese in den grundlegenden Aussagen übereinstimmen.

#### 5.2.1.1 Stärken (Strengths)

Eine zentrale Stärke von Datenbrillen ist im technologischen Fortschritt begründet. Die Miniaturisierung notwendiger Komponenten gestattet im Rahmen der Industrie 4.0 eine kontinuierliche Entwicklung dieser innovativen Technologie. Die für Smartphones entwickelten Elemente, wie z. B. hochauflösende Displays, Richtungs-, Bewegungs- und Beschleunigungssensoren können AR-Brillen kostengünstiger und hinsichtlich der Ergonomie benutzerfreundlicher machen (Friedrich, 2004; Pollmeier, 2020).

Smart Glasses ermöglichen darüber hinaus die verbesserte, kontextbezogene Informationsdarstellung. Dementsprechend kann die Datenqualität erhöht und die Komplexität bei der Illustration und Interaktion gleichzeitig verringert werden. Verschiedene Methoden der Datenerhebung initiieren eine ortsunabhängige und in Echtzeit erfolgende Informationsbereitstellung (Adelmann, 2020; Lucke et al., 2017; Quint & Loch, 2015).

Ein zusätzlicher Vorteil liegt darin, dass Datenbrillen die Bewegungsfreiheit des Mitarbeitenden nicht unmittelbar einschränken, wodurch die Hände für die eigentliche Aufgabenabwicklung verwendet werden können. Die Aufnahme der kontextuellen Hinweise ist freihändig und ohne Kopfsenkung möglich. Somit geht eine generelle Entlastung der Beschäftigten bei industriellen Tätigkeiten einher (Grauel et al., 2014; Koelle et al., 2017; Stocker et al., 2017; Theis et al., 2016).

### 5.2.1.2 Schwächen (Weaknesses)

Die größte Schwäche bei AR-Brillen liegt in möglichen ergonomischen und physiologischen Beschwerden. Der Einsatz von HMDs kann Kopfschmerzen, Übelkeit sowie Rücken- und Nackenprobleme verursachen. Des Weiteren führen mehrmalige Kontext- und Brennweitenwechsel und heterogene Konvergenzpunkte zu Augendruck bzw. tränenden Augen, was zu einer starken Ermüdung des visuellen Systems beiträgt (Blumberg & Kauffeld, 2020; Friedrich, 2004; Holz et al., 2020; Huckauf et al., 2010).

Eine Schlüsselvariable bildet die fehlende Unterstützung von Mitarbeitenden mit existierender Fehlsichtigkeit. Das Tragen der weiteren Brille führt bei Arbeitenden mit beschränktem Sehvermögen zu einer ergonomischen sowie optischen Schwierigkeit. Da aufgrund verschiedener Sehstärken der Verzicht auf Brillen nicht ohne Aufwand möglich ist, kann die bestmögliche User Experience gegenwärtig lediglich durch Kontaktlinsen abgebildet werden (Friedrich, 2004).

Weitere Restriktionen bestehen bezüglich der technischen Komponenten. Die Batterielaufzeit momentaner Datenbrillen ist nicht ausreichend, um langandauernde Vorgänge unterbrechungsfrei durchführen zu können. AR-Brillen haben eine beschränkte Menge an Interaktionsmöglichkeiten. Bei Kommissionierprozessen kann die Durchführung per Sprache oder Gesten die Ausführung erschweren (Reif & Günthner, 2009).

### 5.2.1.3 Chancen (Opportunities)

Das größte Potenzial bei einer Verwendung von Datenbrillen liegt übergeordnet in der Effizienzsteigerung. Die Darstellung von kontextuellen Informationen und die Möglichkeit des beidhändigen Arbeitens gestatten eine signifikante Reduktion der Kommissionierzeiten. Die visuelle Navigation führt zu einer Parallelisierung der Informationserfassung und Beschleunigung der notwendigen Informationssuche, wodurch die Optimierung und Flexibilisierung des gesamten Kommissionierprozesses ermöglicht wird (Reif & Günthner, 2009; Weaver et al., 2010).

Neben der Effizienzsteigerung kann durch die Verwendung von AR-Brillen die Fehlerquote reduziert und dadurch die Kommissionierqualität gesteigert werden. Durch Pick-by-Vision können relevante Prüfmechanismen realisiert werden, wodurch die prozessintegrierte Erkennung und Vermeidung von Kommissionierfehlern ermöglicht wird. Dieser Umstand wirkt sich unmittelbar auf den erwarteten Return on Investment einer Systemintegration aus (Göpfert & Kersting, 2017; Guo et al., 2014; Rammelmeier, 2017).

In der Industrie 4.0 ist der Einsatz moderner Technologien von hoher Relevanz. In Organisationen werden bereits diverse Informations- und Kommunikationstechniken angewendet. Eine Nutzung von Datenbrillen in der Kommissionierung bewirkt im Kontext der Smart Factory weitere Synergieeffekte. Durch die steigende Informations- und Systemqualität aufgrund von Prozessoptimierung kann die Wettbewerbsfähigkeit der Unternehmen nachhaltig gesteigert werden (Pollmeier, 2020; Werning et al., 2020).

#### 5.2.1.4  Risiken (Threats)

Trotz sinkender Aufwendungen bei der Hard- und Software von Smart Glasses ist für die Implementierung von AR-basierten Kommissionierungssystemen ein hoher Investitionsbedarf notwendig. Die Ausgaben setzen sich aus dem Erwerb mobiler Endgeräte und deren Integration in bestehende Unternehmenssysteme zusammen. Darüber hinaus ist eine erhebliche Rechenleistung notwendig, die gegebenenfalls erst geschaffen werden muss und einen zeitintensiven Prozess erforderlich macht. Werden die mit der Installation einhergehenden Möglichkeiten nicht erkannt, entsteht auf Seiten der Organisationen eine Ablehnung gegenüber der Technologie (Pollmeier, 2020).

Akzeptanzprobleme bei den Beschäftigten implizieren einen weiteren Risikopunkt. Die Verwendung von Datenbrillen wirkt sich unmittelbar auf die persönliche Arbeitsumgebung aus. Physische und psychische Gesichtspunkte, wie z. B. ungenügender Tragekomfort oder die Überlastung der Mitarbeitenden wirken sich negativ auf die Akzeptanz und Wahrnehmung von Datenbrillen aus. Außerdem befürchten die Arbeitenden, dass diese stärker kontrollierbar sind und deswegen zum gläsernen Mitarbeitenden werden (Blumberg & Kauffeld, 2020; Büttner et al., 2016; Pollmeier, 2020; Stocker et al., 2017).

Ein gravierendes Risiko liegt in einer fehlenden Definition von einheitlichen Richtlinien und Standards begründet. Im Kontext des Datenschutzes und einer etwaigen Manipulierbarkeit entstehen durch technische Fortschritte bei Hard- und Software neue Handlungsfelder. Hierfür muss die Legislative einen adäquaten rechtlichen Rahmen schaffen, bevor eine umfassende Implementierung erfolgen kann (Bendel, 2016; Blumberg & Kauffeld, 2020; Heuberger-Götsch & Burkhalter, 2014; Pollmeier, 2020).

#### 5.2.2  Strategieableitung

Die Durchführung einer SWOT-Analyse ermöglicht abschließend die Ableitung strategischer Handlungsempfehlungen. Für die Verwendung von AR-Brillen in der Kommissionierung ist demnach die SO-Strategie zu empfehlen. Durch den Einsatz der Stärken sollen resultierende Chancen bestmöglich wahrgenommen werden (Kreikebaum et al., 2018). Das bedeutet, dass bei Unternehmen die Implementierung von Smart Glasses voranzutreiben ist, um das Potenzial der Synergieeffekte, Kostenreduzierung und Fehlervermeidung zu nutzen. Die dargestellten Schwächen und Risiken werden künftig im Rahmen des technologischen Fortschritts annähernd vollständig eliminiert.

# 6 Fazit

Ziel dieser Hausarbeit war es, zu evaluieren, inwieweit der Einsatz von Smart Glasses einen Mehrwert im Bereich der Kommissionierung von Unternehmen bietet. Abschließend werden relevante Aussagen der Arbeit nochmals zusammengefasst und reflektiert. Ein prägnanter Ausblick rundet das beleuchtete Themengebiet ab.

Die Betrachtung der verschiedenen Technologien zeigt, dass insbesondere dem Bereich Augmented Reality eine große Bedeutung zuzuschreiben ist. Diese Methode ermöglicht eine Visualisierung von virtuellen, kontextbezogenen Informationen, während gleichzeitig die reale Umgebung sichtbar bleibt. Der Effekt dieser partiellen Immersion wird durch das Tragen von AR-Brillen ermöglicht.

In Zusammenhang mit Industrie 4.0 entstehen im industriellen Umfeld neue Anwendungsgebiete. Neben Bereichen wie z. B. Montage und Instandhaltung werden Datenbrillen auch in der Kommissionierung immer häufiger eingesetzt. Dabei können Mitarbeitende durch eine konventionelle Informationsbereitstellung, eine visuelle Navigation und entsprechende Schulungen unterstützt werden.

Eine auf Basis von fachspezifischer Literatur durchgeführte SWOT-Analyse zeigt, dass die Stärken der Smart Glasses vor allem im technologischen Fortschritt, einer situativen Informationsdarstellung und der Möglichkeit einer beidhändigen Arbeitsweise liegen. Diese Merkmale müssen angewendet werden, um daraus resultierende Chancen bestmöglich auszuschöpfen. Dazu zählen Effizienzsteigerungen, eine Reduzierung von Kommissionierfehlern sowie die Nutzung von Synergieeffekten. Die genannten Schwächen und Risiken dürfen nicht ignoriert werden, künftige technologische Entwicklungen ermöglichen jedoch eine starke Reduktion dieser Kriterien.

Ein prägnanter Ausblick in die Zukunft lässt erahnen, dass mit der Digitalisierung weitere disruptive Änderungen einhergehen. AR-Brillen stellen eventuell wie das Smartphone oder die Smartwatch nur einen temporären Trend dar. Es werden weitere, innovative Technologien entstehen, die neue Mensch-Maschine-Interaktionen ermöglichen.

# 7 Literaturverzeichnis

Adelmann, R. (2020). Augmented Reality in der industriellen Praxis. In Orsolits, H. & Lackner, M. (Hrsg.), *Virtual Reality und Augmented Reality in der Digitalen Produktion* (S. 7–32). Wiesbaden: Springer Fachmedien. doi: 10.1007/978-3-658-29009-2_2

Almeida, D. & Ferreira, J. (2009). Analysis of the Methods Time Measurement (MTM) Methodology through its Application in Manufacturing Companies. Flexible Automation and Intelligent Manufacturing (FAIM), Middlesbrough. doi: 10.13140/RG.2.1.2826.1927

Arnold, D. (2008). *Handbuch Logistik* (3. Auflage). Berlin: Springer.

Azuma, R. (1997). A Survey of Augmented Reality. *Presence: Teleoperators and Virtual Environments, 6* (4), 355–385. doi: 10.1162/pres.1997.6.4.355

BAuA. (2016). *Head-Mounted displays - Arbeitshilfen der Zukunft: Bedingungen für den sicheren und ergonomischen Einsatz monokularer Systeme*. Dortmund.

Bendel, O. (2016). Die Datenbrille aus Sicht der Informationsethik: Problemanalysen und Lösungsvorschläge. *Informatik-Spektrum, 39* (1), 21–29. doi: 10.1007/s00287-014-0836-y

Bendel O. (2019). Definition: Wearables. Springer Fachmedien Wiesbaden. Verfügbar unter: https://wirtschaftslexikon.gabler.de/definition/wearables-54088/version-368816 (09.03.2021).

Billinghurst, M., Clark, A. & Lee, G. (2015). A Survey of Augmented Reality. *Foundations and Trends in Human–Computer Interaction, 8* (2–3), 73–272. doi: 10.1561/1100000049

Blumberg, V. & Kauffeld, S. (2020). Anwendungsszenarien und Technologiebewertung von digitalen Werkerassistenzsystemen in der Produktion – Ergebnisse einer Interview-Studie mit Experten aus der Wissenschaft, der Politik und der betrieblichen Praxis. *Gruppe. Interaktion. Organisation. Zeitschrift für Angewandte Organisationspsychologie (GIO), 51* (1), 5–24. doi: 10.1007/s11612-020-00506-0

BMAS. (2015). *Grünbuch Arbeiten 4.0*. Berlin. Bundesministerium für Arbeit und Soziales (BMAS). Verfügbar unter: https://issuu.com/support.bmaspublicispixelpark.de/docs/gruenbuch-arbeiten-vier-null/1 (07.03.2021).

BMAS. (2017). *Weißbuch Arbeiten 4.0*. Berlin. Bundesministerium für Arbeit und Soziales (BMAS). Verfügbar unter: https://www.bmas.de/SharedDocs/Downloads/DE/Publikationen/a883-weissbuch.pdf?__blob=publicationFile&v=1 (07.03.2021).

Bommers, R. & Castrup, S. (2020). Logistik 4.0 – Automatisierte Kommissionierung im Onlinehandel. In Voß, P. (Hrsg.), *Logistik – die unterschätzte Zukunftsindustrie* (S. 99–105). Wiesbaden: Springer Fachmedien. doi: 10.1007/978-3-658-27317-0_8

Bowman, D., Kruijff, E., LaViola, J. & Poupyrev, I. (2004). *3D User Interfaces: Theory and Practice, CourseSmart eTextbook*. Boston: Addison-Wesley.

Bryson, S. (1996). Virtual Reality in Scientific Visualization. *COMMUNICATIONS OF THE ACM, 39* (5), 10.

Bühl, A. (1997). *Die virtuelle Gesellschaft*. Wiesbaden: VS Verlag für Sozialwissenschaften. doi: 10.1007/978-3-322-93548-9

Büttner, S., Funk, M., Sand, O. & Röcker, C. (2016). Using Head-Mounted Displays and In-Situ Projection for Assistive Systems: A Comparison. *Proceedings of the 9th ACM International Conference on Pervasive Technologies Related to Assistive Environments - PETRA '16* (S. 1–8). 9th ACM International Conference, Corfu: ACM Press. doi: 10.1145/2910674.2910679

Butz, A. & Krüger, A. (2017). *Mensch-Maschine-Interaktion*. Berlin, Boston: De Gruyter. doi: 10.1515/9783110476378

Carmigniani, J. & Furht, B. (2011). Augmented Reality: An Overview. In Furht, B. (Hrsg.), *Handbook of Augmented Reality* (S. 3–46). New York: Springer New York. doi: 10.1007/978-1-4614-0064-6_1

Caudell, T. & Mizell, D. (1992). Augmented Reality: An Application of Heads-Up Display Technology to Manual Manufacturing Processes. *Proceedings of the Twenty-Fifth Hawaii International Conference on System Sciences* (S. 659–669). Proceedings of the Twenty-Fifth Hawaii International Conference on System Sciences, Hawaii: IEEE. doi: 10.1109/HICSS.1992.183317

Cruz-Neira, C. (1993). Course Notes „Virtual Reality Overview". *SIGGRAPH*. SIGGRAPH93: 20th Annual Conference and Exhibition on Computer Graphics and Interactive Techniques, Anaheim.

Dekker, R., de Koster, M., Roodbergen, K. & van Kalleveen, H. (2004). Improving Order-Picking Response Time at Ankor's Warehouse. *INFORMS Journal on Applied Analytics, 34* (4), 303–313. doi: 10.1287/inte.1040.0083

Dörner, R., Broll, W., Jung, B., Grimm, P. & Göbel, M. (2019). Einführung in Virtual und Augmented Reality. In Dörner, R., Broll, W., Grimm, P. & Jung, B. (Hrsg.), *Virtual und Augmented Reality (VR/AR)* (S. 1–42). Berlin, Heidelberg: Springer. doi: 10.100 7/978-3-662-58861-1_1

Feiner, S., Macintyre, B. & Seligmann, D. (1993). Knowledge-based augmented reality. *Communications of the ACM, 36* (7), 53–62. doi: 10.1145/159544.159587

Franzke, T. (2018). *Der Mensch als Faktor in der manuellen Kommissionierung: eine simulationsbasierte Analyse der Effizienz in Person-zur-Ware-Kommissionier-systemen.* Wiesbaden: Springer Gabler.

Friedrich, W. (2004). *ARVIKA: Augmented Reality für Entwicklung, Produktion und Ser-vice.* Erlangen: Publicis Corp. Publ.

Funke, C. (2020). Pick-by-Vision – Die Brille für die Intralogistik. In Voß, P. (Hrsg.), *Logistik – die unterschätzte Zukunftsindustrie* (S. 107–114). Wiesbaden: Springer Fachmedien. doi: 10.1007/978-3-658-27317-0_9

Gartner. (2017). Hype Cycle for Emerging Technologies, 2017. *Gartner.* Verfügbar un-ter: https://www.gartner.com/en/documents/3768572/hype-cycle-for-emerging-techn ologies-2017 (08.03.2021).

Gerpott, T. & Kurt, A. (2020). Verbessert ein Pick-by-Watch-System Kommissionie-rungsleistungen gegenüber herkömmlichen Papierlisten?: Ergebnisse einer labor-experimentellen Studie. *Zeitschrift für Arbeitswissenschaft.* doi: 10.1007/s41449-020 -00218-7

Göpfert, I. & Kersting, R. (2017). Organisation und Forschungsdesigns der Zukunfts-forschung. *Wie Unternehmen in die Zukunft blicken* (S. 7–27). Wiesbaden: Springer Fachmedien Wiesbaden. doi: 10.1007/978-3-658-18909-9_2

Grauel, B., Terhoeven, J., Wischniewski, S. & Kluge, A. (2014). Erfassung akzeptanz-relevanter Merkmale von Datenbrillen mittels Repertory Grid Technik. *Zeitschrift für Arbeitswissenschaft, 68* (4), 250–256. doi: 10.1007/BF03373926

Grimm, P., Herold, R., Reiners, D. & Cruz-Neira, C. (2013). VR-Ausgabegeräte. In Dörner, R., Broll, W., Grimm, P. & Jung, B. (Hrsg.), *Virtual und Augmented Reality (VR / AR)* (S. 127–156). Berlin, Heidelberg: Springer. doi: 10.1007/978-3-642-2890 3-3_5

Günthner, W., Blomeyer, N., Reif, R. & Schedlbauer, M. (Hrsg.). (2009). *Pick-by-Vision: Augmented Reality unterstützte Kommissionierung.* Garching: Lehrstuhl für Fördertechnik Materialfluß Logistik (fml), Techn. Univ. München.

Günthner, W., Deuse, J., Rammelmeier, T. & Weisner, K. (2014). *Entwicklung und technische Integration einer Bewertungsmethodik zur Ermittlung von Mitarbeiterbelastungen in Kommissioniersystemen (ErgoKom).* Garching: Lehrstuhl für Fördertechnik, Materialfluss, Logistik, Techn. Univ. München.

Guo, A., Raghu, S., Xie, X., Ismail, S., Luo, X., Simoneau, J. et al. (2014). A comparison of order picking assisted by head-up display (HUD), cart-mounted display (CMD), light, and paper pick list. *Proceedings of the 2014 ACM International Symposium on Wearable Computers* (S. 71–78). UbiComp '14: The 2014 ACM Conference on Ubiquitous Computing, Seattle Washington: ACM. doi: 10.1145/2634317.26 34321

Heuberger-Götsch, O. & Burkhalter, T. (2014). Datenschutz in Zeiten von Big Data. *HMD Praxis der Wirtschaftsinformatik, 51* (4), 480–493. doi: 10.1365/s40702-014-0042-z

Holz, A., Herold, R., Friemert, D., Hartmann, U., Harth, V. & Terschüren, C. (2020). Datenbrillen am Arbeitsplatz: Informationsdichte am Auge. *Zentralblatt für Arbeitsmedizin, Arbeitsschutz und Ergonomie.* doi: 10.1007/s40664-020-00394-7

Hompel, M., Sadowsky, V. & Beck, M. (2011). *Kommissionierung: Materialflusssysteme 2 - Planung und Berechnung der Kommissionierung in der Logistik.* Berlin, Heidelberg: Springer. doi: 10.1007/978-3-540-29940-0

Hompel, M. & Schmidt, T. (2010). *Warehouse Management: Organisation und Steuerung von Lager- und Kommissioniersystemen* (4. Auflage). Berlin: Springer.

Huckauf, A., Urbina, M., Grubert, J., Böckelmann, I., Doil, F., Schega, L. et al. (2010). Perceptual issues in optical-see-through displays. *Proceedings of the 7th Symposium on Applied Perception in Graphics and Visualization - APGV '10* (S. 41). 7th Symposium, Los Angeles, California: ACM Press. doi: 10.1145/1836248.1836255

Huck-Fries, V., Wiegand, F., Klinker, K., Wiesche, M. & Krcmar, H. (2017). Datenbrillen in der Wartung: Evaluation verschiedener Eingabemodalitäten bei Servicetechnikern. In Eibl, M. & Gaedke, M. (Hrsg.), *INFORMATIK 2017* (S. 1413–1424). Bonn: Gesellschaft für Informatik. doi: 10.18420/in2017_141

Hüer, L., Zobel, B., Birkel, H. & Thomas, O. (2020). State-of-the-Art von Smart Glasses zur Unterstützung von Logistikprozessen. In Thomas, O. & Ickerott, I. (Hrsg.), *Smart*

*Glasses* (S. 51–68). Berlin, Heidelberg: Springer. doi: 10.1007/978-3-662-62153-0_3

Jadhav, S., Kannanda, V., Kang, B., Tolley, M. T. & Schulze, J. P. (2017). Soft robotic glove for kinesthetic haptic feedback in virtual reality environments. *Electronic Imaging, 2017* (3), 19–24. doi: 10.2352/ISSN.2470-1173.2017.3.ERVR-102

Kleiber, M. & Alexander, T. (2011). Evaluation of a Mobile AR Tele-Maintenance System. In Stephanidis, C. (Hrsg.), *Universal Access in Human-Computer Interaction. Applications and Services* (Band 6768, S. 253–262). Berlin, Heidelberg: Springer. doi: 10.1007/978-3-642-21657-2_27

Koelle, M., El Ali, A., Cobus, V., Heuten, W. & Boll, S. (2017). All about Acceptability?: Identifying Factors for the Adoption of Data Glasses. *Proceedings of the 2017 CHI Conference on Human Factors in Computing Systems* (S. 295–300). CHI '17: CHI Conference on Human Factors in Computing Systems, Denver Colorado: ACM. doi: 10.1145/3025453.3025749

Kreikebaum, H., Gilbert, D. & Behnam, M. (2018). *Strategisches Management* (8. Auflage). Stuttgart: Verlag W. Kohlhammer.

Krieger, W. (2018). Definition: Distributionslogistik. Springer Fachmedien Wiesbaden. Verfügbar unter: https://wirtschaftslexikon.gabler.de/definition/distributionslogistik-31649/version-255202 (06.03.2021).

Lucke, D., Defranceski, M. & Adolf, T. (2017). Cyberphysische Systeme für die prädiktive Instandhaltung. In Vogel-Heuser, B., Bauernhansl, T. & Hompel, M. (Hrsg.), *Handbuch Industrie 4.0 Bd.1* (S. 75–91). Berlin, Heidelberg: Springer. doi: 10.1007/978-3-662-45279-0_28

Martin, H. (2016). Kommissioniersysteme. In Martin, H. (Hrsg.), *Transport- und Lagerlogistik* (10. Auflage, S. 520–549). Wiesbaden: Springer Fachmedien. doi: 10.1007/978-3-658-14552-1_13

Melzer, J. (2017). Head-Mounted Displays. In Spitzer, C., Ferrell, U. & Ferrell, T. (Hrsg.), *Digital Avionics Handbook* (3. Auflage). Boca, Raton, London, New York: CRC Press.

Mihelj, M. & Podobnik, J. (2012). *Haptics for Virtual Reality and Teleoperation*. Dordrecht, New York: Springer.

Milgram, P. & Kishino, F. (1994). A Taxonomy of Mixed Reality Visual Displays. *IEICE Transactions on Information and Systems, E77-D* (12), 1321–1329.

Murauer, N. (2018). Design Thinking: Using Photo Prototyping for a user-centered Interface Design for Pick-by-Vision Systems. *Proceedings of the 11th Pervasive Technologies Related to Assistive Environments Conference* (S. 126–132). New York: Association for Computing Machinery. doi: 10.1145/3197768.3201532

Pollmeier, I. (2020). Einsatzpotenziale von Virtual und Augmented Reality in der Logistik. In Steven, M. & Dörseln, N. (Hrsg.), *Smart Factory: Einsatzfaktoren - Technologie - Produkte.* (S. 211–237). Stuttgart: Kohlhammer Verlag. Verfügbar unter: https://public.ebookcentral.proquest.com/choice/publicfullrecord.aspx?p=6028304 (08.03.2021).

Quint, F. & Loch, F. (2015). Using Smart Glasses to Document Maintenance Processes. In Weisbecker, A., Burmester, M. & Schmidt, A. (Hrsg.), *Mensch und Computer 2015 - Workshopband.* Berlin, München, Boston: DE GRUYTER. doi: 10.1515/9783 110443905-030

Rammelmeier, T. (2017). *Vermeidung und prozessintegrierte Erkennung von Kommissionierfehlern auf Basis der Pick-by-Vision-Technologie.* Garching: Lehrstuhl für Fördertechnik Materialfluß Logistik (fml), Techn. Univ. München.

Rammelmeier, T., Galka, S. & Günthner, W. (2012). Fehlervermeidung in der Kommissionierung. *Logistics Journal,* (Vol. 2012). Wissenschaftliche Gesellschaft für Technische Logistik. doi: 10.2195/LJ_PROC_RAMMELMEIER_DE_201210_01

Rash, C. & McLean, W. (2000). Optical Performance. In Rash, C. (Hrsg.), *Helmet-Mounted Displays: Design Issues for Rotary-Wing Aircraft.* Bellingham, Washington: SPIE Press.

Ratzka, A. (2008). Patterns for Robust and Flexible Multimodal Interaction. *13th Annual European Conference on Pattern Languages of Programming* (Band 610). EuroPLoP, Irsee.

Rauschnabel, P. & Ro, Y. (2016). Augmented reality smart glasses: an investigation of technology acceptance drivers. *International Journal of Technology Marketing, 11* (2), 123–148. doi: 10.1504/IJTMKT.2016.075690

Reif, R. (2009). *Entwicklung und Evaluierung eines Augmented Reality unterstützten Kommissioniersystems.* Garching: Lehrstuhl für Fördertechnik Materialfluß Logistik (fml), Techn. Univ. München.

Reif, R. & Günthner, W. (2009). Pick-by-vision: augmented reality supported order picking. *The Visual Computer, 25* (5–7), 461–467. doi: 10.1007/s00371-009-0348-y

Schawel, C. & Billing, F. (2011). SWOT-Analyse. *Top 100 Management Tools* (S. 182–183). Wiesbaden: Gabler. doi: 10.1007/978-3-8349-6605-6_82

Schlögl, D. & Zsifkovits, H. (2016). Manuelle Kommissioniersysteme und die Rolle des Menschen. *BHM Berg- und Hüttenmännische Monatshefte, 161* (5), 225–228. doi: 10.1007/s00501-016-0481-7

Schulte, C. (2013). *Logistik: Wege zur Optimierung der Supply Chain* (6. Auflage). München: Verlag Franz Vahlen.

Schwarting, C. (1986). *Optimierung der ablauforganisatorischen Gestaltung von Kommissioniersystemen*. München: Huss-Verlag.

Slater, M. & Wilbur, S. (1997). A Framework for Immersive Virtual Environments (FIVE): Speculations on the Role of Presence in Virtual Environments. *Presence: Teleoperators and Virtual Environments, 6* (6), 603–616. MIT Press. doi: 10.1162/pres.1997.6.6.603

Stocker, A., Spitzer, M., Kaiser, C., Rosenberger, M. & Fellmann, M. (2017). Datenbrillengestützte Checklisten in der Fahrzeugmontage: Eine empirische Untersuchung. *Informatik-Spektrum, 40* (3), 255–263. doi: 10.1007/s00287-016-0965-6

Stüdeli, T. & Alexander, T. (2008). Actual ergonomic reasearch on applied virtual and mixed reality systems - with a special focus on navigation and control aids. In Casciaro, S. & Samset, E. (Hrsg.), *Minimally Invasive Technologies and Nanosystems for Diagnosis and Therapies* (S. 1–11). Lecce: Lupiensis biomedical publications.

Sutherland, I. (1965). The Ultimate Display. *Proceedings of the IFIP Congress* (S. 506–508).

Sutherland, I. (1968). A head-mounted three dimensional display. *Proceedings of the December 9-11, 1968, fall joint computer conference, part I* (S. 757–764). San Francisco, California: Association for Computing Machinery. doi: 10.1145/1476589.1476686

Theis, S., Alexander, T. & Wille, M. (2013). Voruntersuchung zur Bewertung des sicheren und beanspruchungsoptimalen Einsatzes von Head-Mounted Displays. *Zeitschrift für Arbeitswissenschaft, 67* (3), 159–167. doi: 10.1007/BF03374403

Theis, S., Pfendler, C., Alexander, T., Mertens, A., Brandl, C. & Schlick, C. (2016). *Head-Mounted Displays – Bedingungen des sicheren und beanspruchungsoptimalen Einsatzes*. (S. 164). Dortmund: Bundesanstalt für Arbeitsschutz und Arbeitsmedizin.

VDI3590. (2002). *VDI-Richtlinie 3590-1: Kommissioniersysteme - Grundlagen*. Berlin: Beuth Verlag. Verfügbar unter: https://www.vdi.de/richtlinien/details/vdi-3590-blatt-1-kommissioniersysteme-grundlagen (06.03.2021).

Voigt, K., Monsees, H., Schorr, S. & Saatmann, M. (2007). Flexibilität und Adaptivität - Verständnis und Ausprägung. In Günthner, W. (Hrsg.), *Neue Wege in der Automobillogistik* (S. 39–59). Berlin, Heidelberg: Springer. doi: 10.1007/978-3-540-72556-5_4

Walch, D. (2007). Augmented and virtual reality based training in the field of logistics. *Proceedings of the 10th IASTED International Conference on Computers and Advanced Technology in Education* (S. 276–281). USA: ACTA Press.

Weaver, K., Baumann, H., Starner, T., Iben, H. & Lawo, M. (2010). An Empirical Task Analysis of Warehouse Order Picking Using Head-Mounted Displays. *Proceedings of the 28th international conference on Human factors in computing systems - CHI '10* (S. 1695). 28th international conference, Atlanta, Georgia, USA: ACM Press. doi: 10.1145/1753326.1753580

Werning, S., Konusch, D. & Ickerott, I. (2020). Pick-by-Vision: Potenziale in der Unterstützung der Kommissionierung durch Smart Glasses. In Thomas, O. & Ickerott, I. (Hrsg.), *Smart Glasses* (S. 168–189). Berlin, Heidelberg: Springer. doi: 10.1007/978